THIS BOOK BELONGS TO:

_____

_____

SONG TITLE :   DATE :
COMPOSER :

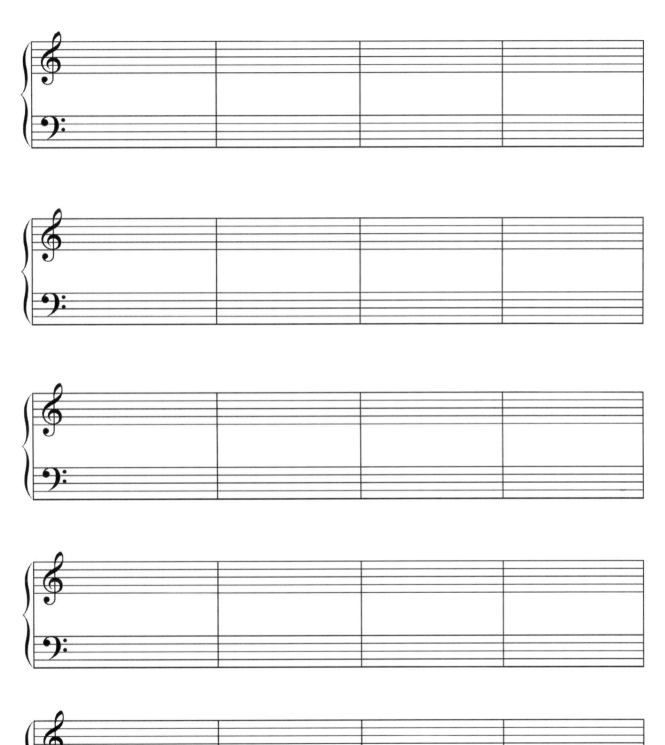

SONG TITLE :   DATE :
COMPOSER :

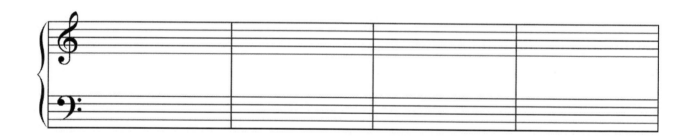

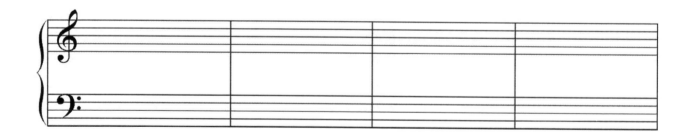

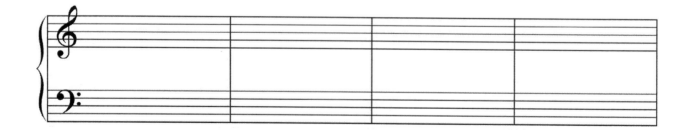

SONG TITLE :   DATE :
COMPOSER :

SONG TITLE :

COMPOSER :

DATE :

SONG TITLE :   DATE :
COMPOSER :

SONG TITLE :   DATE :
COMPOSER :

SONG TITLE :

DATE :

COMPOSER :

SONG TITLE :   DATE :
COMPOSER :

SONG TITLE :

COMPOSER :

DATE :

SONG TITLE :   DATE :
COMPOSER :

SONG TITLE :   DATE :
COMPOSER :

SONG TITLE :   DATE :
COMPOSER :

SONG TITLE :   DATE :
COMPOSER :

SONG TITLE :

DATE :

COMPOSER :

SONG TITLE :

COMPOSER :

DATE :

SONG TITLE :   DATE :
COMPOSER :

SONG TITLE :

DATE :

COMPOSER :

SONG TITLE :   DATE :
COMPOSER :

SONG TITLE :

DATE :

COMPOSER :

SONG TITLE :   DATE :
COMPOSER :

SONG TITLE :

DATE :

COMPOSER :

SONG TITLE :   DATE :
COMPOSER :

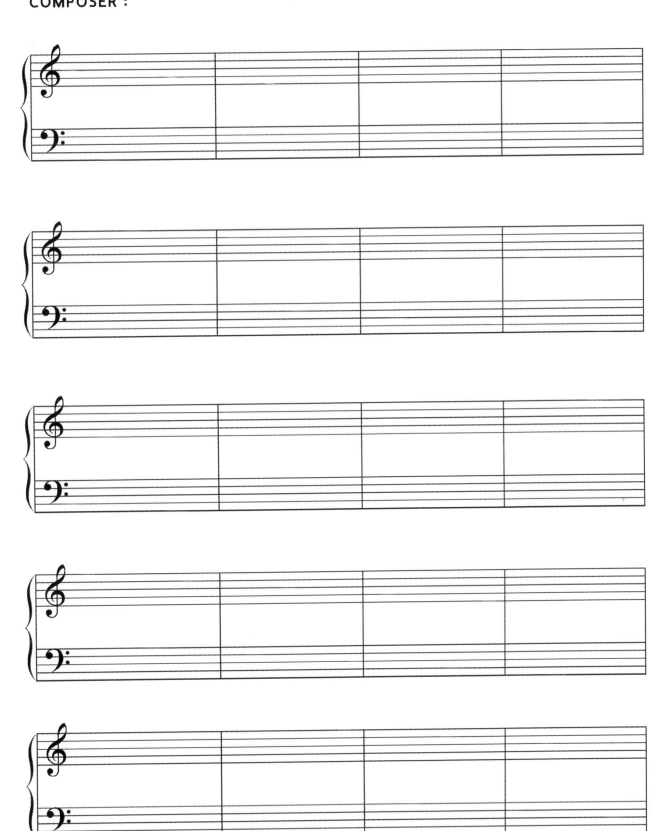

SONG TITLE :

DATE :

COMPOSER :

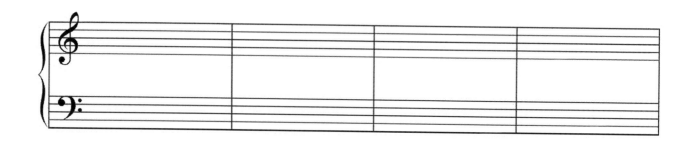

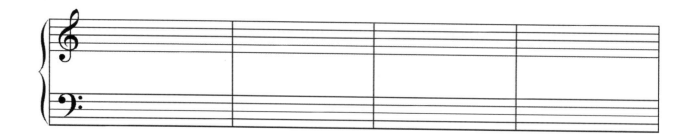

SONG TITLE :   DATE :
COMPOSER :

SONG TITLE :

DATE :

COMPOSER :

SONG TITLE :   DATE :
COMPOSER :

SONG TITLE :

COMPOSER :

DATE :

SONG TITLE :   DATE :
COMPOSER :

SONG TITLE :

DATE :

COMPOSER :

SONG TITLE :   DATE :
COMPOSER :

SONG TITLE :

COMPOSER :

DATE :

SONG TITLE :   DATE :
COMPOSER :

SONG TITLE :   DATE :
COMPOSER :

SONG TITLE :   DATE :
COMPOSER :

SONG TITLE :   DATE :
COMPOSER :

SONG TITLE :   DATE :
COMPOSER :

SONG TITLE :   DATE :
COMPOSER :

SONG TITLE :   DATE :
COMPOSER :

SONG TITLE :

DATE :

COMPOSER :

SONG TITLE :   DATE :
COMPOSER :

SONG TITLE :   DATE :
COMPOSER :

SONG TITLE :

COMPOSER :

DATE :

SONG TITLE :

COMPOSER :

DATE :

SONG TITLE :   DATE :
COMPOSER :

SONG TITLE :

COMPOSER :

DATE :

SONG TITLE :   DATE :
COMPOSER :

SONG TITLE :   DATE :
COMPOSER :

SONG TITLE :   DATE :
COMPOSER :

SONG TITLE :

DATE :

COMPOSER :

SONG TITLE :   DATE :
COMPOSER :

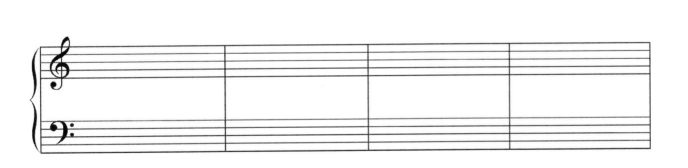

SONG TITLE :

COMPOSER :

DATE :

SONG TITLE :   DATE :
COMPOSER :

SONG TITLE :

DATE :

COMPOSER :

SONG TITLE :   DATE :
COMPOSER :

SONG TITLE :

COMPOSER :

DATE :

SONG TITLE :

DATE :

COMPOSER :

SONG TITLE :

COMPOSER :

DATE :

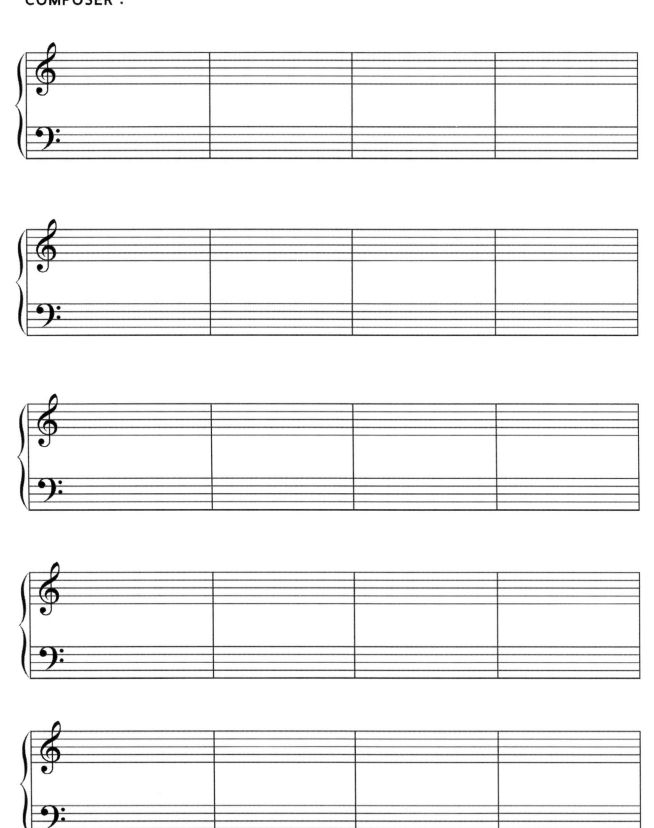

SONG TITLE :

COMPOSER :

DATE :

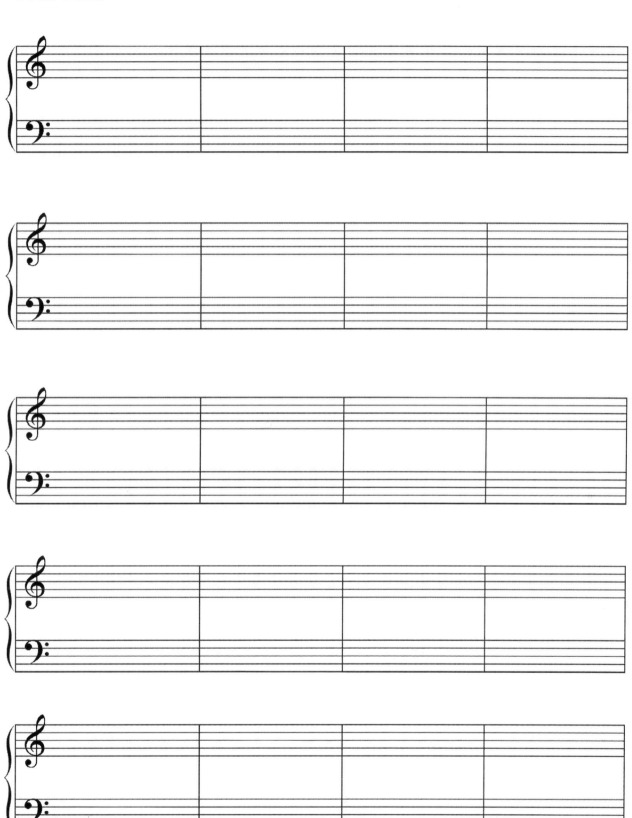

SONG TITLE :

DATE :

COMPOSER :

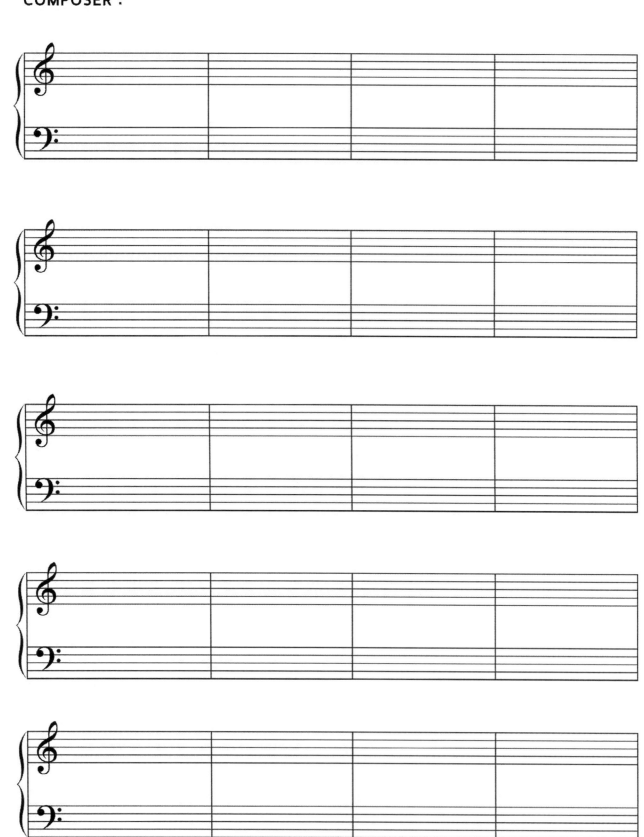

SONG TITLE :   DATE :
COMPOSER :

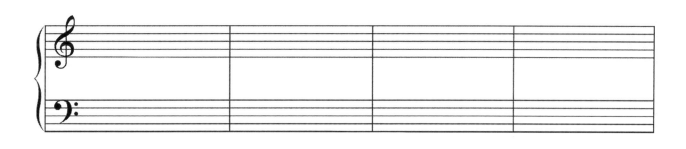

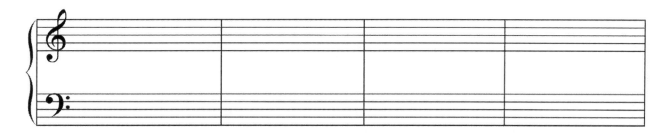

SONG TITLE :   DATE :
COMPOSER :

SONG TITLE :

DATE :

COMPOSER :

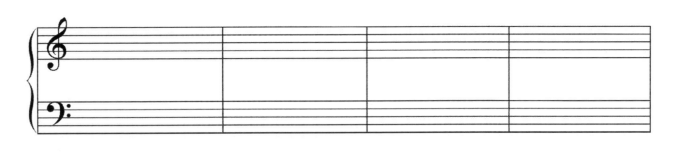

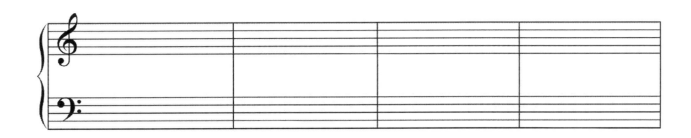

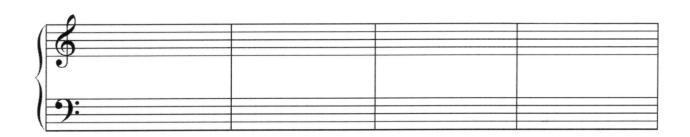

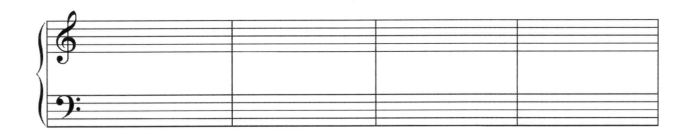

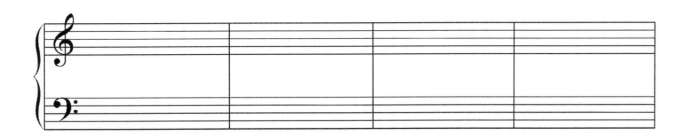

SONG TITLE :   DATE :
COMPOSER :

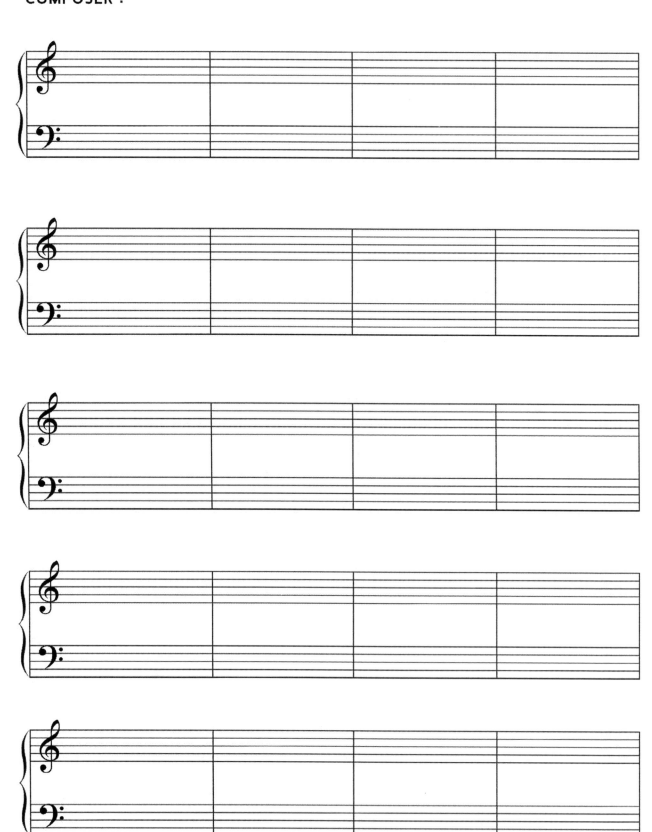

SONG TITLE :   DATE :

COMPOSER :

SONG TITLE :

COMPOSER :

DATE :

SONG TITLE :   DATE :
COMPOSER :

SONG TITLE :   DATE :
COMPOSER :

SONG TITLE :   DATE :
COMPOSER :

SONG TITLE :   DATE :
COMPOSER :

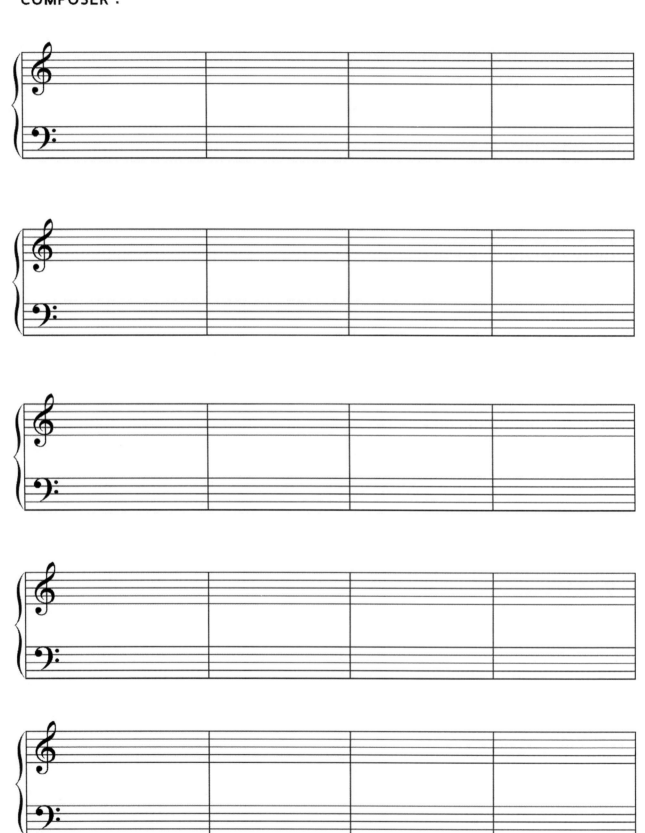

SONG TITLE :   DATE :
COMPOSER :

SONG TITLE :   DATE :

COMPOSER :

SONG TITLE :

COMPOSER :

DATE :

SONG TITLE :

COMPOSER :

DATE :

SONG TITLE :   DATE :
COMPOSER :

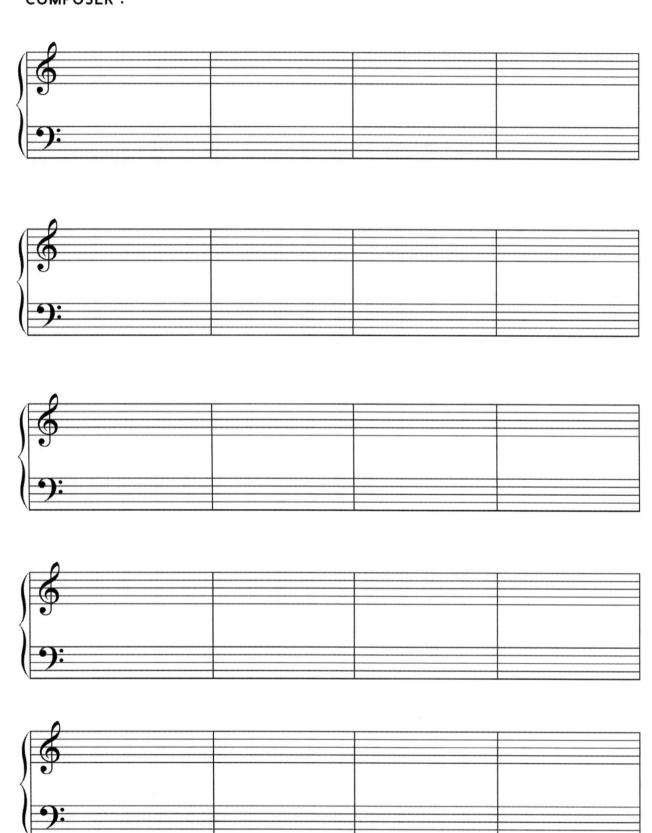

SONG TITLE :   DATE :
COMPOSER :

SONG TITLE :   DATE :
COMPOSER :

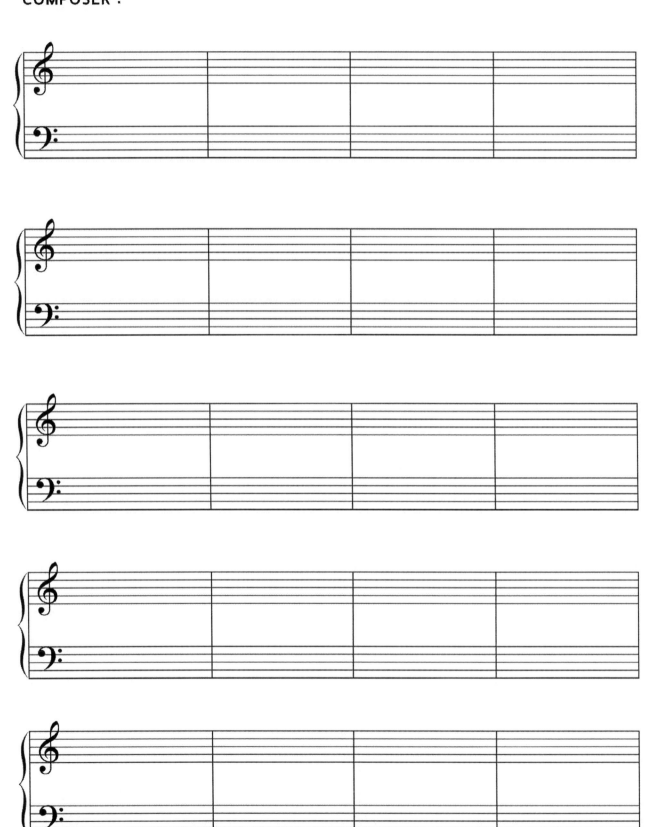

SONG TITLE :

COMPOSER :

DATE :

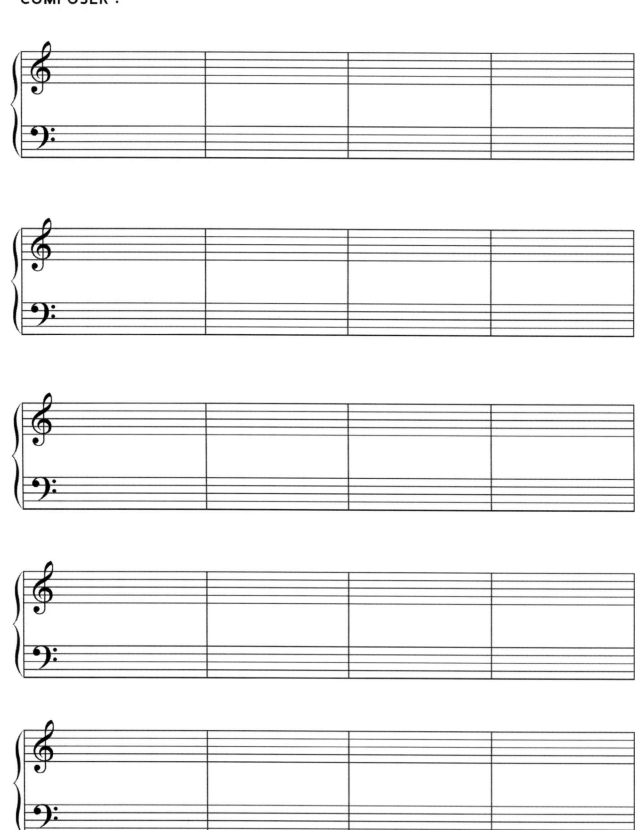

SONG TITLE :   DATE :
COMPOSER :

SONG TITLE :

DATE :

COMPOSER :

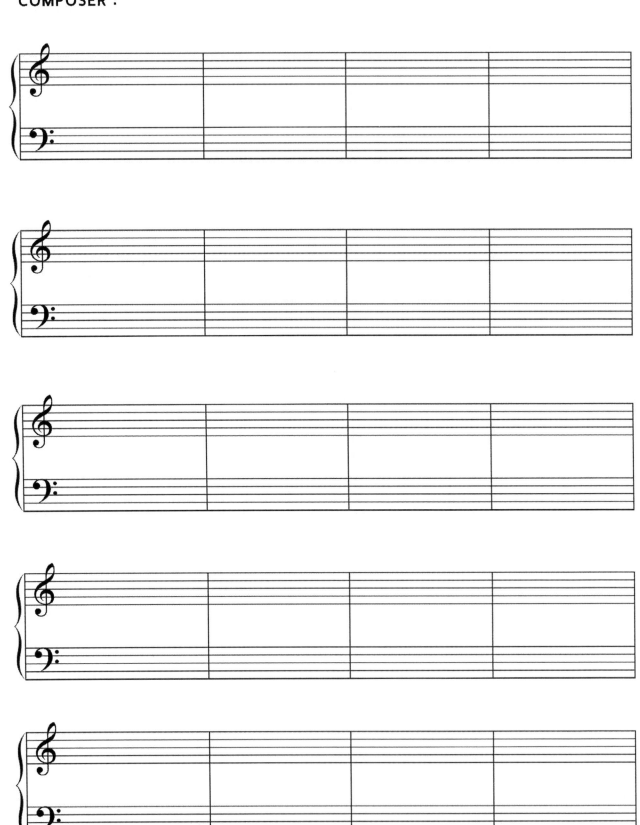

SONG TITLE :   DATE :
COMPOSER :

SONG TITLE :   DATE :
COMPOSER :

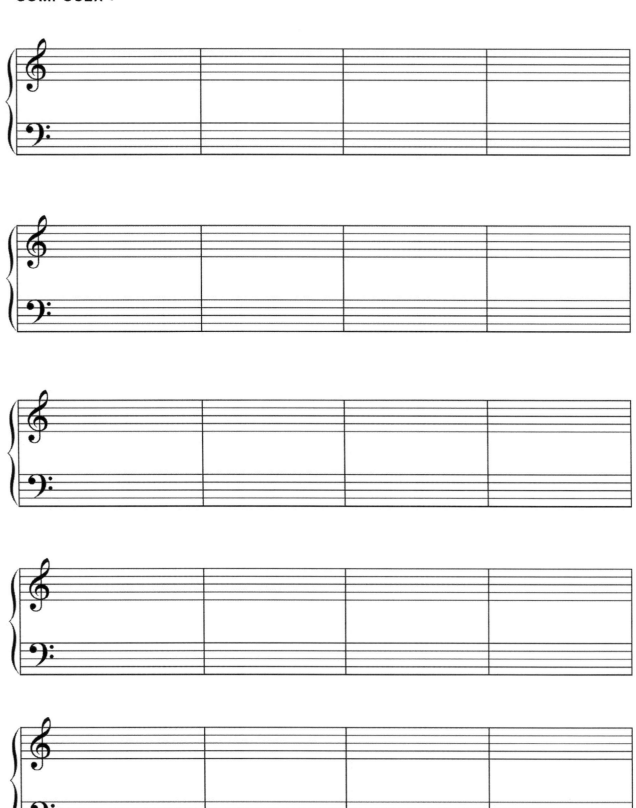

SONG TITLE :   DATE :
COMPOSER :

SONG TITLE :   DATE :
COMPOSER :

SONG TITLE :   DATE :
COMPOSER :

SONG TITLE :

DATE :

COMPOSER :

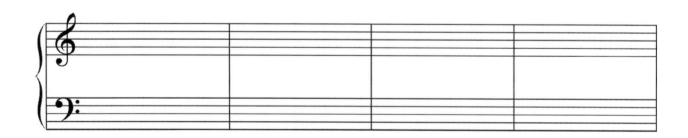
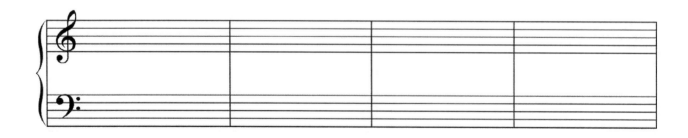

SONG TITLE :

DATE :

COMPOSER :

SONG TITLE :   DATE :
COMPOSER :

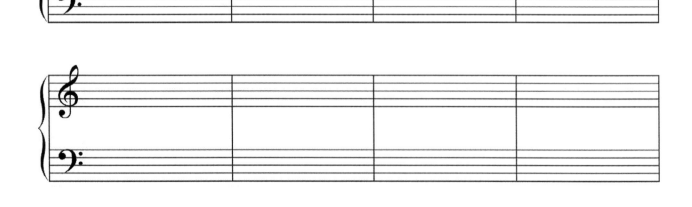

SONG TITLE :   DATE :
COMPOSER :

SONG TITLE :

DATE :

COMPOSER :

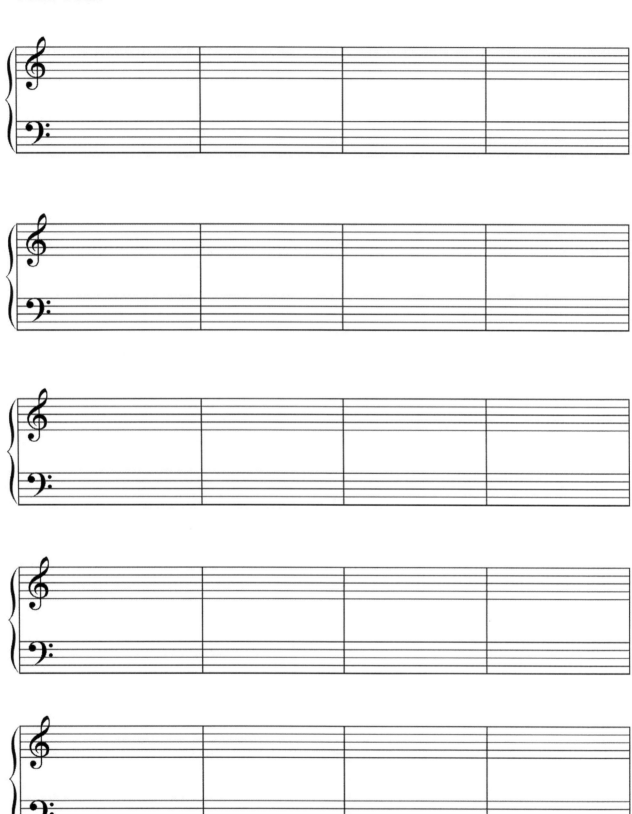

SONG TITLE :   DATE :
COMPOSER :

SONG TITLE :   DATE :
COMPOSER :

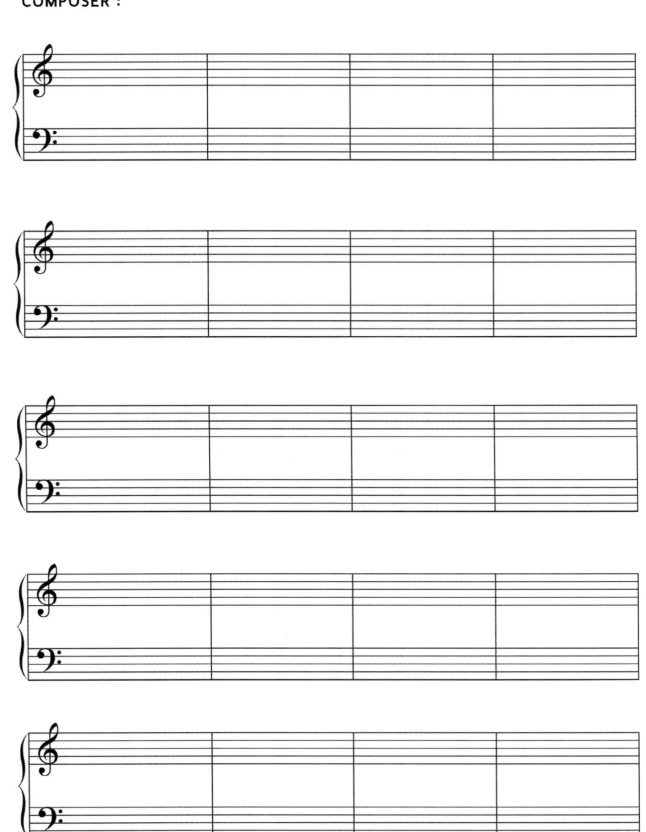

SONG TITLE :   DATE :
COMPOSER :

SONG TITLE :   DATE :
COMPOSER :

SONG TITLE :

COMPOSER :

DATE :

SONG TITLE :   DATE :
COMPOSER :

SONG TITLE :

COMPOSER :

DATE :

SONG TITLE :   DATE :
COMPOSER :

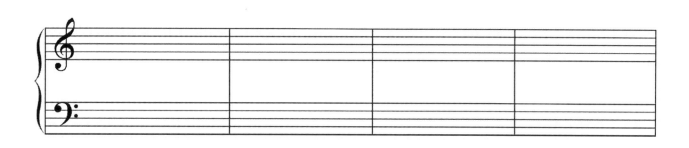

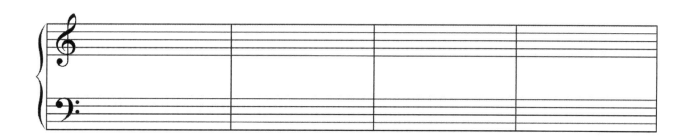

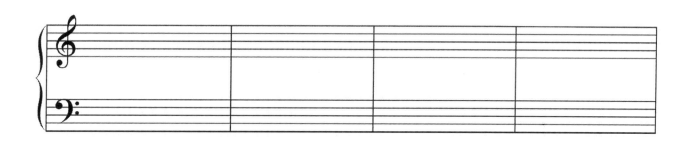

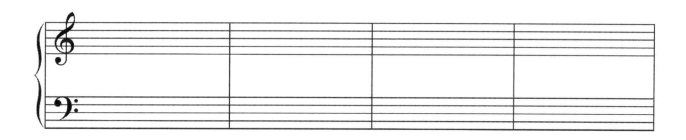

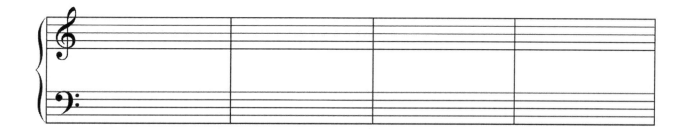

SONG TITLE :

COMPOSER :

DATE :

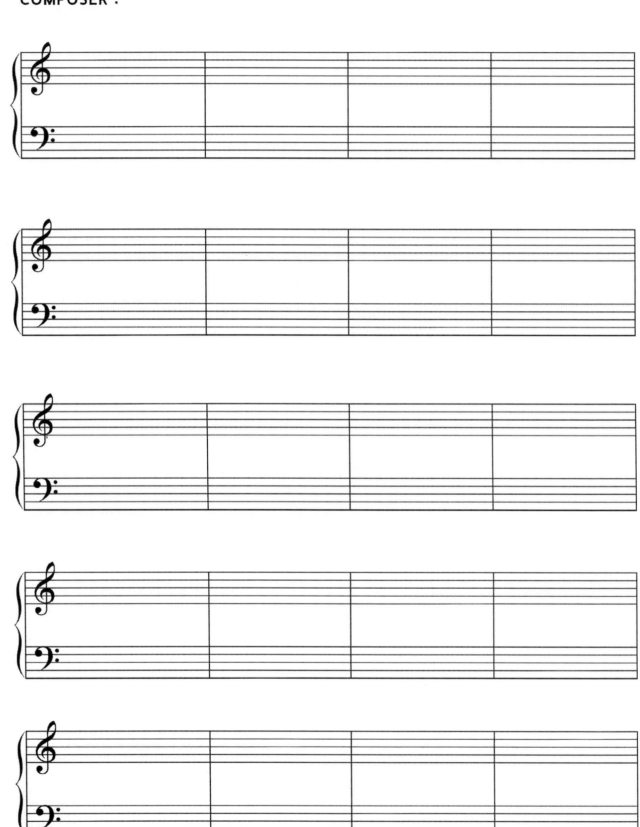

SONG TITLE :   DATE :
COMPOSER :

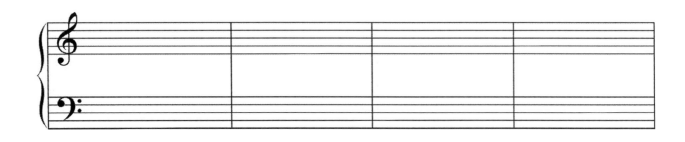
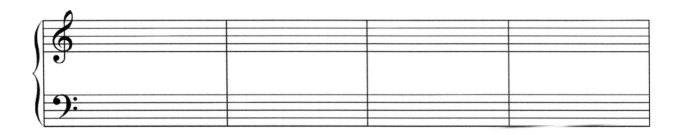

SONG TITLE :   DATE :
COMPOSER :

SONG TITLE :   DATE :
COMPOSER :

SONG TITLE :

DATE :

COMPOSER :

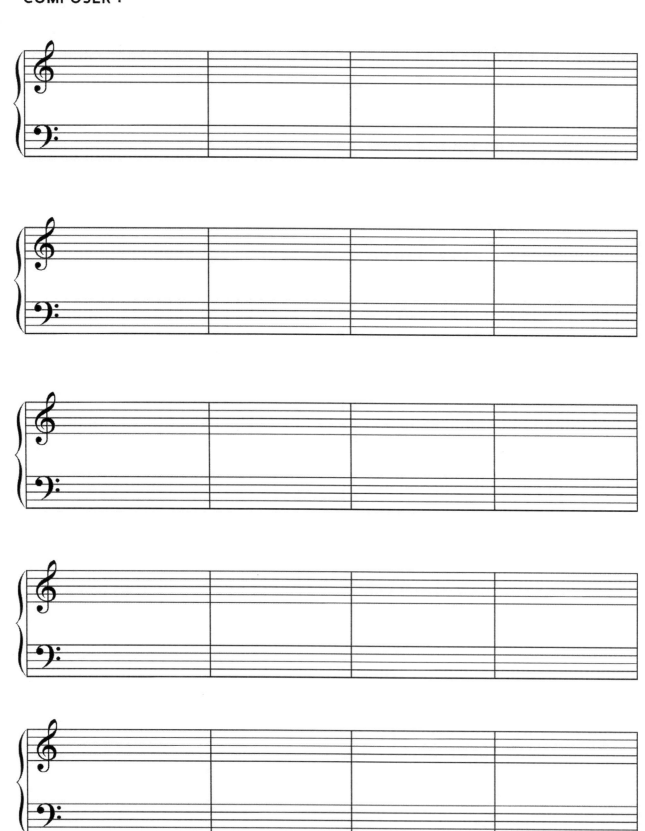

SONG TITLE :   DATE :
COMPOSER :

SONG TITLE :

DATE :

COMPOSER :

SONG TITLE :

DATE :

COMPOSER :

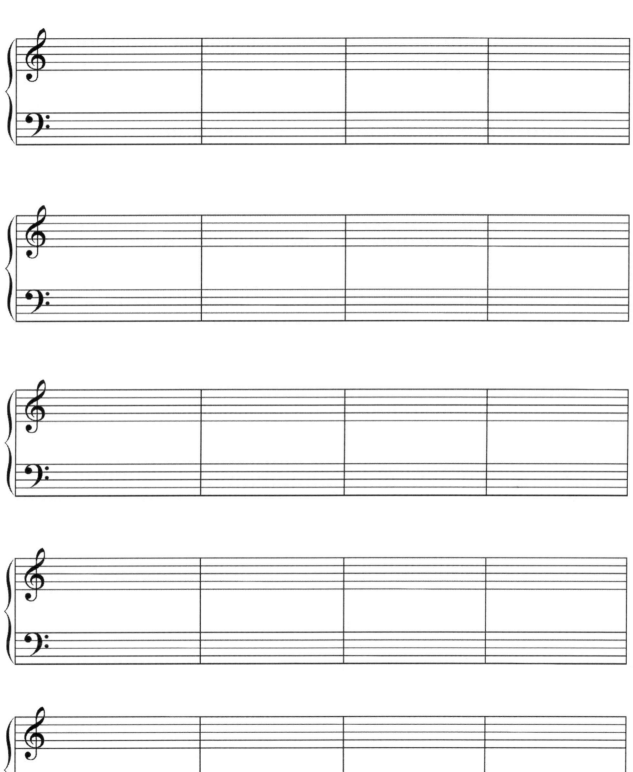

SONG TITLE :   DATE :
COMPOSER :

Made in the USA
Las Vegas, NV
26 December 2024

15349488R00068